DES AVANTAGES

QUI RÉSULTENT A LA FRANCE

DU MARIAGE

DE SON ALTESSE ROYALE MONSEIGNEUR

LE DUC DE BERRY,

AVEC SON ALTESSE ROYALE LA PRINCESSE

CAROLINE DE NAPLES.

PAR C. A. CHAMBELLAND,

Comte palatin, Chevalier des Ordres de l'Eperon d'or et de saint Jean-de-Latran.

DÉDIÉ A S. E. MONSEIGNEUR LE COMTE

DE BLACAS,

AMBASSADEUR DE SA MAJESTÉ TRÈS-CHRÉTIENNE PRÈS LA COUR DE NAPLES

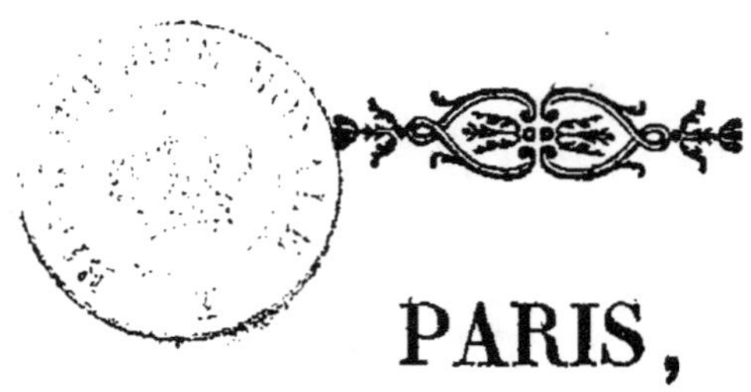

PARIS,

J. G. DENTU, IMPRIMEUR-LIBRAIRE,

rue du Pont de Lodi, n° 3, près le Pont-Neuf.

1816.

A SON EXCELLENCE

MONSEIGNEUR LE COMTE

DE BLACAS,

AMBASSADEUR DE SA MAJESTÉ TRÈS-CHRÉTIENNE
PRÈS LA COUR DE NAPLES.

MONSEIGNEUR,

Le premier en France, peut-être, ai-je élevé la voix pour demander le rétablissement de la maison de Bourbon sur le trône de Naples, et alors j'eus l'honneur de vous faire hommage de mes réflexions politiques (1).

(1) Au mois de décembre 1814, l'auteur composa un écrit intitulé : *Du rétablissement de la maison de Bourbon sur le trône de Naples, et du danger de conserver une couronne sur la tête d'un homme sorti des classes populaires.* Ce petit ouvrage lui valut les remercîmens de leurs altesses monseigneur et madame la duchesse d'Orléans. Déjà d'autres écrits en faveur de la religion et de la monarchie légitime, lui avaient procuré des témoignages de la satisfaction de la cour de

Resterai-je muet, quand, par vos nobles soins, la famille de nos rois va s'augmenter, et que la plus heureuse union doit combler les vœux de tous les bons Français. Peindre les avantages qui en résulteront pour notre pays, c'est faire l'éloge du négociateur habile à qui nous les devrons. Si vous daignez agréer cette œuvre dictée par le cœur, je me trouverai trop payé de quelques heures d'observation et de travail.

Je suis avec respect,

DE VOTRE EXCELLENCE,

MONSEIGNEUR,

Le très-humble et très-
obéissant serviteur,

CHAMBELLAND,
Comte palatin, Chevalier des ordres de l'Eperon
d'or et de saint Jean-de-Latran.

Rome. L'auteur est le premier qui ait proposé l'érection d'un monument expiatoire en l'honneur de Louis XVI, de Marie — Antoinette d'Autriche, de Louis XVII, de madame Elisabeth et du duc d'Enghien. Le journal des Arts du 25 mai 1814, et le Moniteur en ont fait mention.

Sa Majesté l'Empereur Alexandre a daigné aussi lui faire connaître, par un précieux don, son contentement de sa conduite politique et de sa fidélité à Louis XVIII.

DES AVANTAGES

QUI RÉSULTENT A LA FRANCE

DU MARIAGE

DE SON ALTESSE ROYALE MONSEIGNEUR

LE DUC DE BERRY,

AVEC SON ALTESSE ROYALE LA PRINCESSE

CAROLINE DE NAPLES.

Les poëtes accordent leurs lyres pour chanter une alliance à laquelle deux peuples applaudissent; la peinture, la sculpture, tous les arts enfin s'apprêtent à célébrer l'arrivée d'une Princesse destinée à faire le charme d'une cour où la bonté, la modestie sont comptées pour quelque chose; à devenir le modèle des épouses et des mères, à perpétuer une race antique, qui, en s'éloignant de nous, semblait avoir provoqué l'exil de toutes les vertus, qui les a ramenées, en rentrant dans notre patrie, et dont les rejetons feront long-temps le bonheur de notre postérité.

Dans les allégories les plus ingénieuses et les plus délicates, dans les prédictions les plus flatteuses, la multitude reconnaîtra l'expression de ses propres sentimens, de ses désirs les plus sincères; mais ce n'est point encore assez, il faut joindre aux démonstrations de la joie et de l'enthousiasme, la conviction raisonnée que de grands, d'importans intérêts sont ménagés, soutenus, préparés par cette auguste union : alors rien ne manquera à la satisfaction générale. On ne verra pas seulement, dans les fêtes qui vont signaler ce moment heureux, le tableau du plaisir qu'éprouve toujours une famille, quand un de ses membres se prépare à l'augmenter par le plus saint des nœuds ; on sera persuadé de l'utilité politique du mariage d'un Prince, l'espoir de la nation, et l'on ne pourra plus se dissimuler les avantages qui en résulteront pour les peuples soumis au sceptre des fils de Louis XIV.

Si le lien qui va resserrer plus que jamais deux branches sorties du sein de ce grand Roi, ne produisait que l'effet, si ardemment souhaité, de donner à la France des héritiers du trône de cet illustre Monarque, déjà ce pourrait être un sujet d'allégresse assez naturel et plus que suffisant, pour engager les peuples à se livrer à tout ce que l'amour inspire dans de telles circonstances. Toujours notre pays s'est distingué par l'ivresse qu'il a montrée aux mariages, aux naissances de ses Princes; toujours il a regardé comme un gage de sa prospérité, l'accroissement de la dynastie qui le gouverne.

Ce n'est pas un médiocre évènement, que celui où nous acquérons la certitude de posséder une petite-fille de Philippe V, et de lui voir produire une nombreuse lignée, qui fera le contentement des fidèles Français, et le désespoir des traîtres, des factieux, dont toutes les espérances sont déçues et les criminels calculs détruits. D'aujourd'hui le trône des Bourbons est consolidé à jamais, le repos d'un grand peuple est assuré, en dépit des artisans de troubles, de révolutions, de larmes et de misères.

Mais nous trouverons dans l'acquisition que fait la France d'une Princesse aussi belle que vertueuse, plus d'un élément de félicité publique.

Les esprits superficiels, les hommes qui n'aiment point à réfléchir, les gens mal intentionnés n'ont vu, ou n'ont affecté de voir dans le nœud que va former son Altesse Royale Monseigneur le duc de Berry, qu'un mariage de plus entre des parens. Ils n'ont point remarqué, ou ils ont affecté de n'y point découvrir ces combinaisons profondes, ces résultats utiles qui sont ordinairement la cause et le but de ces sortes d'unions.

Il faut donc éclairer entièrement les hommes dont les yeux ne sont point assez pénétrans, et pour qui les mystères de la politique ne se dévoilent qu'à demi, et forcer en même temps les méchans, les détracteurs à garder un profond et honteux silence, en leur démontrant qu'il était impossible de choisir mieux et plus sagement pour les intérêts de notre patrie.

Qu'on examine avec attention l'aspect actuel de l'Europe, on se convaincra que les mariages des Princes forment une des bases sur lesquelles reposent la tranquillité des Etats modernes.

Nous voyons la cour de Dresde, dont la position précaire et difficile entre deux grandes puissances, qui peuvent bien n'avoir dans ce moment ni l'envie ni le besoin de l'anéantir, et dont les intérêts opposés tendent peut-être, au contraire, à la conserver et à maintenir rigoureusement les dispositions des actes du congrès de Vienne ; nous voyons, dis-je, cette cour chercher néanmoins à parer aux inconvéniens futurs, au changement qui pourrait arriver dans la manière d'agir de ses voisins, et se faire un appui des forces et de l'influence de l'Angleterre, en procurant à un illustre descendant de Vitikind, la main de l'héritière du trône des Brunswik. De son côté, l'Angleterre trouve, dans ses relations plus intimes avec la maison de Saxe, le moyen d'ajouter un poids de plus en sa faveur dans la balance politique de l'Allemagne, où ses possessions assez vastes lui donnent déjà une prépondérance qui, au reste, ne peut tourner qu'à l'avantage de la liberté des peuples et de la sûreté des Souverains.

Le Prince Royal des Pays-Bas prend une compagne dans le palais des czars, et par cette alliance, assure mieux l'indépendance, si nécessaire à la considération, à l'existence d'un Etat nouvellement créé. Une gratitude bien juste envers la Grande-Bretagne, sa position géographie, ses relations commerciales, ses colonies lointaines et rattachées depuis si peu de temps à la métropole, semblaient ne permettre à ce royaume de conserver qu'avec peine cette liberté, cette dignité politique que son union soutient et établit solidement.

L'Espagne double ses ressources pour combattre et réduire les rebelles de l'Amérique, par son rapprochemenl du Portugal. La Princesse du Brésil, en recevant l'anneau nuptial, étouffe l'insurrection qui menaçait de soustraire à jamais le Mexique et le Pérou au sceptre Castillan. Le Portugal, à son tour, se couvre de l'égide de son nouvel et loyal allié, et sans rompre d'anciens et nécessaires engagemens avec les Anglais, il ne poussera peut-être plus aussi loin sa condescendance pour toutes les volontés du cabinet de Saint-James.

L'avenir nous dévoilera les augustes choix que pourront faire deux grands Monarques frappés également du coup le plus sensible, et déplorant la plus cruelle des pertes. Il se pourrait que l'un d'eux ne s'occupât que de trouver à son jeune fils, au successeur des Rodolphe et des Charles-Quint, une épouse digne de s'asseoir sur un des plus beaux trônes du monde ; mais on doit croire que l'Autriche et la Prusse ne contracteront point d'engagemens conjugaux, sans interroger préalablement les intérêts les plus chers de leurs peuples.

Sur quelle famille royale monseigneur le duc de Berry pouvait-il porter les yeux, si ce n'était sur la maison de Naples ? Les convenan-

ces de la religion, du sang, la difficulté de
trouver des rapports politiques plus avanta-
geux, devaient décider notre judicieux Monarque à demander la princesse Caroline pour
son neveu bien-aimé. A quelle autre cour au-
rait-il présenté cet enfant d'adoption ? Était-ce
à celle de Londres ? de Prusse ? Sans examiner
si l'on y voit briller des princesses en rapport
d'âge avec le prince dont nous allons célébrer
les noces, un obstacle invincible s'opposait à
une liaison de cette nature : on entend que je
veux parler de la différence des cultes. D'ailleurs, jamais l'union d'un prince Français et
d'une Anglaise ne changerait la marche politique tracée aux deux États par le temps et la
force des choses. Cette union serait plus nui-
sible qu'utile. Quant à la Prusse, par la position où elle se trouve, par l'essence de ses
relations, par les projets qu'elle peut mettre au
jour, il serait difficile à la France, non point de
rester en harmonie avec elle, car nous serons
long-temps, je l'espère, les amis de tout le
monde, mais de la seconder offensivement ou
défensivement. Or, quel serait le bien d'une
telle alliance ? Monseigneur le duc de Berry
pouvait-il prendre une épouse à Vienne ? Non.
Trois essais trop malheureux, non par la faute

des augustes filles issues du sang de Hasbourg et de Lorraine, mais par une fatalité inconcevable, ne permettaient pas d'en tenter un quatrième. Il est certain que les deux pays se conserveront en meilleure intelligence quand leurs rapports ne seront fondés que sur le besoin mutuel de conserver l'équilibre européen. L'Autriche, satisfaite d'avoir aidé la France et le monde à se délivrer de la plus insupportable des tyrannies, glorieuse d'avoir lutté victorieusement pour la défense de la légitimité, maintiendra l'existence d'un royaume et d'une dynastie sans lesquels il n'y aurait plus que confusion ; et ce royaume, par une réciprocité et une raison d'état bien entendues, n'entravera point les efforts de la cour de Vienne pour reprendre le lustre qu'elle avait perdu depuis un siècle.

L'Espagne ne pouvait point non plus nous donner une princesse ; la guerre terrible que les deux peuples viennent de se faire, aurait fourni à la malveillance l'occasion de calomnier les mouvemens de son cœur et ses dispositions pour la nation française ; et ceux qui ont pensé à la reine d'Etrurie, n'avaient point pesé tout ce qui formait à l'accomplissement de leur projet une barrière insurmontable.

D'ailleurs, il existe entre la maison de Bourbon de France et la maison de Bourbon espagnole, des liens si puissans de parenté et de bon voisinage, qu'ils n'ont pas besoin d'être renforcés. L'amitié des deux États est naturelle et sera constante. L'Espagne donne une main fraternelle à Naples et à Paris; unir ces deux villes, c'est comprendre Madrid dans l'alliance.

Enfin, se serait-on adressé à la Russie? Certes, il eût été bien doux pour la France de voir dans sa capitale la sœur d'un héros, d'un sage qu'elle a admiré et dont elle conservera toujours un souvenir précieux. Mais l'obstacle de la religion, mais l'obstacle plus grand encore de la jalousie ombrageuse des autres cours qui ont bien pu consentir à l'union contractée par le roi des Pays-Bas, parce qu'elle ne faisait que consolider davantage le nouveau système adopté au congrès de Vienne, mais qui n'auraient peut-être pas permis qu'une Russe pût se placer sur le trône de France; voilà des considérations à méditer.

On se pénétrera donc de cette vérité incontestable, que le choix indiqué par le sens le plus droit était celui qui fait maintenant la félicité de monseigneur le duc de Berry : aussi n'a-t-il point échappé à un Roi, à un père dont la sagacité, l'habileté, la sagesse, l'expérience font tous les jours l'étonnement des peuples et des Souverains.

Maintenant voyons quels avantages politiques nous pourrons en retirer. La France, qui est et sera toujours puissance de premier ordre, ne doit pas se laisser entraîner par l'esprit de conquête qui lui a été si préjudiciable; elle doit tendre à conserver son rang, à se mettre en situation pour repousser toute attaque injuste, et se faire une loi de ne sortir jamais de ses limites, que pour soutenir, s'il le faut absolument, un allié, ou tel État que ce soit, dont la chute romprait l'équilibre de l'Europe, chaque puissance ayant le droit de s'opposer à celle qui chercherait à rétablir la monarchie universelle.

Dans cette position, rien de plus sage que de resserrer les liens de famille, d'unir plus fortement que jamais les trois branches régnantes de la maison de Bourbon, de former une grande masse territoriale assez considérable pour résister aux secousses dont l'ambition de quelques hommes à projets pourrait vouloir l'ébranler, et point assez menaçante pour donner de l'inquiétude à la république des Rois européens.

Quand le cabinet de Versailles conçut, à la fin

du règne de Louis XV, la belle idée du pacte de famille, il avait bien senti que c'était dans elle-même, dans ses propres moyens, que la maison de Bourbon devait chercher ses plus solides alliés, ses ressources les plus fécondes. Ce pacte excita la jalousie de nos rivaux; et bien que quelques années eussent apporté de l'incertitude dans la marche d'une des parties contractantes, il sembla assurer à la France une supériorité qui se montra, en effet, dans la guerre entreprise au commencement du règne de Louis XVI. Malgré d'inquiétantes variations dans les dispositions extérieures du cabinet napolitain, malgré l'adresse des diplomates anglais, et le penchant d'un ministre qui semblait vouloir suivre d'autres erremens, le principe fondamental du pacte de famille subsista toujours, et s'il parut s'affaiblir un instant, il reprit toute son énergie dans les négociations qui amenèrent la paix. Aujourd'hui la face des choses a changé un tel pacte dont la durée est certaine, parce qu'elle est fondée sur l'intérêt de tous, nous donnera une grande force, mais ne paraîtra point aussi redoutable aux autres Souverains qu'à l'époque où il fut conclu. Les grandes masses qui existent aujourd'hui n'étaient point encore formées, une multitude de petites puissances et même quelques grands États qui ont disparu, divisaient à l'infini la somme des forces de l'Europe, et la France, l'Espagne, Naples, présentant le spectacle imposant d'un faisceau composé de quarante millions d'hommes, donnaient, avec une apparence de raison, de l'ombrage aux cabinets. Mais, dans un autre siècle, mais actuellement que la Prusse offre un corps immense, que l'Autriche réunit sous son sceptre ses anciennes provinces, et vient d'acquérir un nouveau domaine, que la Prusse touche à la Meuse, que l'Angleterre est plus riche et plus formidable que jamais, que la Bavière et même le Vurtemberg ont pris une consistance qu'alors on ne pouvait pas soupçonner, l'union plus intime des trois branches de la maison de Bourbon, loin de paraître dangereuse aux autres gouvernemens, leur semblera nécessaire; loin de la craindre, ils y applaudiront; loin de l'affaiblir, ils la fortifieront. En politique générale, ils en reconnaîtront l'utilité pour la conservation de l'œuvre du congrès de Vienne, et chacun en particulier, dans ses intérêts privés, y trouvera un motif pour se rassurer contre toute tentative d'une ambition démesurée, puisque là se rencontrera le contre-poids à toute entreprise ennemie de l'équilibre européen.

A ces considérations, ils s'en joint d'autres qui ne sont point à dédaigner. C'est la faculté d'étouffer plus aisément tout germe révolutionnaire. Celle des trois puissances au sein de laquelle cette peste se développerait, trouverait bientôt des secours en hommes et en argent chez les deux autres. Cette assistance serait désintéressée, ne causerait aucun effroi, ne ferait craindre aucune arrière-pensée, et servirait encore la cause de tous les Potentats.

Voilà pour la haute politique.

J'examine maintenant les avantages commerciaux.

Gloire, honneur, reconnaissance à la Princesse qui va reconcilier les Français avec les Italiens. Nous ne pouvons nous le dissimuler, depuis la domination de fer que nous y avons exercée, les peuples de cette belle contrée nous portent peu d'affection ; et dans le royaume de Naples, nous ne le savons que trop, notre nom n'était assurément point entendu avec bienveillance, jusqu'au jour où la déclaration de l'union la plus heureuse a fait taire tous les ressentimens. Le mariage de la princesse Caroline vient d'apprendre aux Napolitains que les Français sont toujours dignes de l'affection des autres peuples, et que leurs fautes passées doivent s'imputer seulement à ceux qui abusaient d'un pouvoir qu'ils avaient extorqué, et non point à la nation entière, qui gémissait de leurs crimes.

Les ports des Deux-Siciles seront ouverts à nos vaisseaux, et, quoique des obligations récentes et la nécessité attachent la cour de Naples à l'Angleterre, elle permettra que nous partagions le commerce d'importation et d'exportation dans ses Etats. Nos manufactures du midi reprendront une nouvelle vie; et comme l'industrie est loin d'être active dans un royaume où le sol paraît exempter du travail ses indolens habitans, les bénéfices que nous ferons dans ce pays, augmenteront de beaucoup en notre faveur la balance commerciale.

De Naples et de ses provinces, nos marchandises pénétreront dans tout le Levant; nous aurons aussi plus de moyens pour renouer dans l'intérieur de l'Italie les fils de nos relations de négoce; de proche en proche nous les rétablirons, peu à peu les préventions vont disparaître, et les différens peuples de la presqu'île avoueront que les Français, conduits, gouvernés par leurs anciens maîtres, sont toujours dignes de l'estime et de l'amitié des autres nations.

Honneur, gloire, amour à la Princesse qui

ne nous apporte pas seulement le modèle des plus belles qualités, et dont l'exemple influera si efficacement sur nos mœurs, mais qui accroît nos richesses, notre commerce, notre industrie, et rouvre aux beaux-arts, aux sciences, à l'érudition la terre classique !

Honneur, gloire, amour à la petite-fille de Louis XIV !

Au moment où j'écris, elle traverse peut-être nos provinces, et jouit du spectacle enchanteur d'une population qui, en proclamant son nom et ses vertus, y joint les noms si chers de son époux et du meilleur des Rois. Elle reconnaît, dans ces transports, le caractère d'un peuple qui, pour être bon, juste, aimant, fidèle, n'a besoin que d'être bien dirigé; elle juge que vingt-cinq ans d'exil n'ont point enlevé aux Bourbons le cœur des Français, et elle partage avec délices les démonstrations de la joie publique.

Venez, auguste Princesse, venez dans les bras d'un père, d'un Monarque qui regardera ce jour comme le plus beau de sa vie ; venez vers un époux qui compte chaque minute comme un siècle; accourez près d'une sœur (c'est ainsi que vous appellerez la fille de Louis XVI), venez presser son cœur, le sanctuaire de toutes les vertus sublimes.

Ah ! si les longs chagrins dont sa vie a été semée, ont tari chez elle les sources de la fécondité, si à vous est réservé le bonheur de propager la race d'Henri IV, elle n'en sera point jalouse, la prospérité de la France est son désir le plus vif. Mais si, par une juste récompense des cieux, il sort de son chaste sein un prince digne du héros que le midi de la France adore, parce qu'il a pu l'apprécier, vous serez la première à le saluer avec une respectueuse tendresse, et vous vous réjouirez en pensant que vos fils seront ses plus fidèles sujets.

Noble et généreuse alliance, qui confond tous les intérêts dans un seul, et qui assure le repos des princes, des peuples et de l'Europe entière !

VIVE LE ROI !

VIVENT LES BOURBONS !

FIN.